AF430084